Sintesi SEO Marketing

Ovvero come muoversi oggi in modo efficace nel mondo digitale per proporre i propri prodotti e servizi

GUIDA PRATICA CONDENSATA

Rodolfo Turco

Prima edizione
11/11/2020

Copyright© **Rodolfo Turco**

Tutti i diritti riservati

Google, Microsoft, Bing, Yahoo, Baidu, Apple sono marchi dei rispettivi proprietari.

Indice

Introduzione..4
Cos'è la SEO..6
   Local SEO..8
I Motori di Ricerca..10
   Approfondimenti...12
Marketing Online...13
   Approfondimenti...18
Branding..19
Il proprio Sito..21
   Approfondimenti...28
Blogs...29
Social Networks...33
Canali di Comunicazione...36
Contenuti Informativi...39
   I BackLink..43
   Approfondimenti...44
Immagini, Video, Audio...45
Linking..49
   Structured Data Markup.......................................53
   Approfondimenti...58
Affiliazioni..59
eCommerce..62
   Approfondimenti...66
Concorrenti..67
Ottimizzazione codice...70
Risorse Utili..76
Glossario..79
L'autore Rodolfo Turco..81
La società Turcotronics...82

Introduzione

Questo testo è un compendio sui concetti di SEO e di Marketing applicabili a tutti i prodotti e servizi forniti tramite internet, oppure offline, nel mercato classico, ma pubblicizzati e/o venduti via web.

Oggi giorno pensare di promuovere qualsivoglia cosa senza tener conto di come si muove il mercato digitale è un suicidio commerciale, tutto ruota attorno al web, internet è diventato il punto di riferimento locale e globale per tutte le attività che concernono l'uomo e non solo.

In questo vademecum descrivo il succo del discorso per coloro che non hanno il tempo e/o la voglia di leggere tomi sull'argomento, per coloro che vogliono passare subito all'azione e per coloro che desiderano farsi un'idea di dettaglio in breve tempo e a un costo insignificante per poi magari approfondire in seguito gli aspetti più pertinenti alle proprie specifiche esigenze, a tal pro in questo libro troverai una selezione di links a risorse di autori italiani e stranieri, gratuite e non.

Verranno trattati anche molti dettagli applicativi e trucchetti utili ai fini pratici per massimizzare il profitto nel minor tempo possibile senza trascurare gli effetti a lungo termine, un concentrato vitaminico.

Tieni presente che la SEO e il Marketing non sono scienze esatte e dipendono da molti fattori, qui troverai una base solida su cui costruire e migliorare il tuo specifico business, il tempo di risposta del mercato è variabile da settore a settore, da alcune settimane a pochi mesi, quindi pazienta e non scoraggiarti, come non devi illuderti e fermarti se vedrai un frutto immediato, per un raccolto duraturo è necessario migliorare e stabilizzare le variabili in gioco, chi si ferma è perduto.

Questa guida, essendo concentrata, è densa di concetti che vanno interiorizzati, va letta lentamente e con ponderazione, riflettendo su ogni frase per espanderla nella mente e pensando all'applicabilità nel proprio specifico contesto; non è un romanzo, piuttosto una raccolta di appunti, di frasi sintetiche e incisive; è un libro tecnico.

Per migliorarmi a tuttotondo in ambito SEO e marketing ho dovuto studiare una grande quantità di testi e corsi, questo mi ha richiesto tanto tempo, sforzo e risorse non avendo trovato un estratto completo e nello stesso tempo pratico, da cui l'idea di scrivere un libro condensato partendo dai tanti spunti ed appunti presi ed appresi; spero che questo lavoro di sintesi possa giovarti.

Buona lettura,

Rodolfo Turco

Cos'è la SEO

SEO = Search Engine Optimization, ovvero come massimizzare la propria presenza in rete, posizionandosi il più in alto possibile nelle ricerche internet.

Se l'utente non ti vedrà nelle primissime posizioni dei motori di ricerca non ti prenderà in considerazione, non esisti.

Questo non significa essere presente per tutti ma è fondamentale esserci in prevalenza per quella tipologia di utenti che sono il tuo **target**, il troppo storpia, altrimenti è come avere un negozio in cui entrano 1000 persone al giorno ma quasi nessuno compra, meglio averne solo 100 ma quasi tutti clienti paganti; il rapporto tra gli acquirenti e i visitatori si definisce tasso di **conversione**, uno dei nostri obiettivi è quello di massimizzarlo.

Come attirare le persone giuste?

Ne discuteremo lungo tutto il testo, bisogna curare ogni aspetto, non trascurare i dettagli, per il momento accenno solo che possiamo dividere il genere umano in tre categorie, relativamente ai tuoi prodotti e servizi:

1. **Chi non è interessato**

   Meglio escluderlo, genera traffico non solo inutile ma dannoso.

2. **Chi potrebbe essere interessato ma non vuole comprare subito**

   Va coinvolto e bisogna fare un lavoro di educazione per convincerlo della bontà di ciò che offri, e portarlo, presto o tardi, nella terza categoria.

3. **Chi sta cercando per comprare**

   Sono il nostro target primario, bisogna massimizzare la loro presenza e portarli all'acquisto.

Per ottenere ciò deve essere chiaro il nostro **obiettivo**, capire chi sono i potenziali **clienti reali**, pensare come pensano loro e che cosa cercheranno, queste sono le nostre **keyword**, le frasi chiave che dobbiamo mettere in risalto soprattutto nei titoli e in cima alle nostre pagine.

In ambito SEO il concetto intuitivo "meglio raggiungere più persone possibili" è un enorme errore, chi troppo vuole nulla stringe, bisogna **mettere a fuoco** l'obiettivo utile.

Grande importanza riveste la qualità e disposizione dei **contenuti**, testi e parti multimediali, immagini in primis, bisogna mostrare subito e in modo conciso la soluzione al problema del potenziale cliente, e dare in seguito i dettagli, l'utente deve muoversi velocemente e agevolmente nella tua esposizione, ricorda sempre che non ha **tempo** da perdere, vuole subito la soluzione, se la trova sarà ben disposto ad approfondire, altrimenti lo hai perso.

Fondamentale è il **Brand**, il tuo identificativo, l'utente si fida di chi conosce, quando avrà bisogno potrebbe cercarti direttamente per nome, e se ti vedrà nelle ricerche ti prediligerà; dettaglierò l'argomento.

Local SEO

La SEO Locale è l'applicazione delle tecniche di **Search Engine Optimization** alle realtà locali come negozi, uffici, studi, imprese, e qualunque altra attività che ha una sede geografica ben definita o comunque una zona di intervento localizzata.

In rete si trovano diverse risorse gratuite e a pagamento per poter massimizzare il rendimento economico dei propri prodotti e servizi, in questo testo ne apprenderai i modi.

Qualora non si possa implementare da se stessi, in modo efficace, tutti i meccanismi necessari per arrivare a un risultato concreto, ci si può rivolgere ai professionisti del settore con un piccolo investimento che avrà un veloce rientro economico.

Al fine di non ripetermi, per una descrizione del Local SEO, ti rimando al mio eBook gratuito **"Sintesi SEO Locale"** (Link: https://turcotronics.it/Sintesi SEO Locale - Turcotronics.php) qui dettaglierò alcuni aspetti implementativi che ti permetteranno di ottimizzare il tuo lavoro.

I Motori di Ricerca

Questi quattro Big rappresentano il 95% del mercato.

Google è il leader mondiale, bisognerà concentrarsi su di lui (o è una lei?), senza trascurare eventuali altri canali pertinenti al tuo specifico settore.

Microsoft Bing è il secondo canale negli USA.

Yahoo un tempo molto rilevante, ha voluto ampliare la sua offerta perdendo la sua iniziale influenza ma è ancora importante.

Baidu è il punto di riferimento primario nel sistema cinese.

Gli algoritmi di interpretazione delle ricerche utente sono strettamente segreti, sempre più simili al ragionamento umano ma pur sempre software, bisogna tenerne conto.

Un concetto importante è l'indicizzazione, il come i motori "ricordano" le keyword utente, si cercherà di usarla a nostro vantaggio.

Ricorda che l'utenza si sta spostando in massima parte verso gli **smartphone**, indispensabile tenerne conto ai fini SEO, il display è piccolo è le informazioni chiave DEVONO essere presentate in prima pagina, niente appesantimenti inutili, l'estetica è del tutto secondaria anche se in alcuni settori apparire "professional" può comportare dei vantaggi, ricorda sempre che l'utente non ha tempo, se non vede subito la **soluzione** va oltre, questo è negativo anche perché si riduce il tempo di permanenza nel tuo sito e il motore di ricerca interpreta questa toccata e fuga come segnale chiaro che non sei adatto per quella specifica ricerca e statisticamente ti penalizza, ti allontana dalle prime posizioni, diventi invisibile per quella frase chiave.

Un utente attratto permane nel sito a lungo per approfondire, magari non comprerà, ma lascerà comunque una piccola impronta favorevole a migliorare il tuo posizionamento nella ricerca, più in alto sei, più potenziali clienti attirerai e più venderai.

Un tool indispensabile è la **Google Search Console** (Link: https://search.google.com/search-console), migliora il rendimento del tuo sito nella ricerca Google e ti permette di analizzare vari parametri utili alla SEO.

Altro strumento utile è **Google Analytics** (Link: https://analytics.google.com), ti da tantissime informazioni sull'andamento del tuo sito ma richiede che tu metta un piccolo script nelle pagine da monitorare.

Approfondimenti

eBook gratuito "Sintesi SEO Locale" da Turcotronics

Link: https://turcotronics.it/Sintesi SEO Locale - Turcotronics.php

Guida introduttiva all'ottimizzazione per i motori di ricerca (SEO)

Link: https://support.google.com/webmasters/answer/7451184

Google Search Console

Link: https://search.google.com/search-console/about

Google Analytics

Link: https://analytics.google.com

Marketing Online

Sia che tu abbia già un'attività, sia che tu voglia crearne una nuova, ricorda che il segreto per ottimizzare i risultati è quello di **specializzarsi** e **differenziarsi**, trovare la propria nicchia di mercato dove essere tra i primi.

Focalizzandosi sempre sull'obiettivo primario si può poi pensare di incrementare i profitti proponendo prodotti e servizi accessori o di fascia superiore (upsell).

La tentazione di avere un'audience la più ampia possibile porta ad essere una goccia indistinguibile nell'oceano, considera comunque che su internet ci sono miliardi di persone, quindi una **nicchia** molto selettiva sarà comunque composta da un numero grandissimo di potenziali clienti, con il vantaggio che saranno persone selezionate e già "pronte" per i tuoi prodotti e servizi, per loro sarai un punto di riferimento.

La selezione di persone deve avere **simili peculiarità e necessità**, devi risolvere i loro specifici problemi; inoltre più ti specializzi e più alto può essere il prezzo dei tuoi prodotti e servizi, perché sei uno dei migliori in quel campo specifico (ad esempio Apple piace a pochi in percentuale al totale, ma ben paganti).

Prediligere prodotti costosi anche se non vendono molto, in tal caso la qualità e presentazione devono essere al top perché utenti molto esigenti; oppure prodotti poco costosi ma ad ampia diffusione se si è nelle condizioni di poter gestire grossi volumi o si vende materiale etereo (software, eBook, informazione, musica, film), fermo restando che un prodotto di alta **qualità percepita** crea effetto virale e vende meglio; in entrambi i casi bisogna conoscere i gusti della propria nicchia.

Il detto "Il cliente è al primo posto" vale sempre, nel senso che le persone vanno realmente aiutate a trovare la **soluzione** che cercano; spesso può essere utile fornire loro del materiale gratuito di valore che possa essere un saggio di ciò che si può acquistare, in questo modo saranno incanalati verso il prodotto o servizio completo, questo è utile soprattutto per i dubbiosi o i nuovi clienti che non ti conoscono ancora.

I doni di valore sono molto graditi, da bambino i miei compravano il formaggio parmigiano via posta, il pacco conteneva sempre tante caramelle (elevato **valore percepito** per il target bambini), mangiavamo volentieri il formaggio; la cosa avrebbe funzionato anche con le antipatiche verdure.

E' dando che si riceve.

Se ciò che fornisci è **unico** o **raro** ti puoi permettere di stabilire prezzi alti, venderai di meno ma meglio, il valore effettivo dipende da vari fattori ed in generale conviene partire da un numero un po' più basso per poi salire se c'è richiesta adeguata; al contrario se il prodotto/servizio è comune bisogna necessariamente allinearsi al mercato, un po' meno si vende meglio, un po' di più da la percezione di prodotto migliore ma va poi fornito realmente un miglior servizio o diventa un boomerang.

Essere invasivi è diventato contro producente, pensa al fastidio delle continue telefonate di vendita o alla casella di posta bombardata da SPAM, molto meglio **portare il potenziale cliente a cercarti**, per questo è importante selezionare a priori un target ristretto, è già predisposto per seguirti, devono vedere nella tua offerta la **risposta** alle loro domande.

La pubblicità è l'anima del commercio! Vero solo in parte; magari in passato; in realtà è antipatica, spesso invasiva e costosa (films continuamente interrotti, pagine internet piene di roba che non ti interessa e ti distrae), chi può permettersela deve avere un adeguato ritorno all'investimento; molto meglio riuscire ad apparire nei motori di ricerca, questa è l'**anima della SEO**, è gratis, è gradito, è l'utente che l'ha richiesto.

Vale sempre il principio dei **sondaggi**, bisogna capire le reali esigenze del nostro insieme, i nostri gusti personali non sono i loro, oggi giorno si può implementare semplicemente facendo ricerche intelligenti sul web, mettendosi nei panni di chi ci sta cercando; utile in questo caso vedere per ogni ricerca quali termini ti propone il motore per completare la frase che stai digitando, sono valori già scritti da altri utenti e quindi significativi come potenziali nostre keyword, magari secondarie.

Il rapporto cliente/fornitore deve essere **simbiotico**, tu devi risolvere un suo reale problema, lui riconoscere un valore economico alla tua soluzione, cercava un risultato e tu lo hai fornito; l'offerta deve calzare perfettamente alla nicchia scelta se stai creando un nuovo prodotto/servizio, o la nicchia deve essere selezionata specificatamente per ciò che già possiedi o vuoi creare a breve.

Un dettaglio da ricordare è che l'uomo usa spesso più i **sentimenti** che la razionalità, stuzzicare un'emozione è in generale più efficace che fornire argomentazioni freddamente tecniche, questo è un po' meno vero per gli oggetti strettamente tecnologici in cui le caratteristiche contano, a volte in modo anche irrazionale; comunque una buona impressione, una percezione positiva del cliente lo possono portare all'acquisto più facilmente.

Se si vuole creare una nuova opera va capito dove sta andando il mercato, per questo è utile il tool **Google Trends** (Link: https://trends.google.it/trends), il quale ti aiuta a recepire quali tipi di ricerche si fanno nel mondo e poter capire qual'è l'andamento del mercato in un particolare settore, se le proiezioni future che farai saranno azzeccate potrai anticipare la concorrenza e quindi avere una fetta più grossa della torta; per migliorare le **previsioni** è opportuno analizzare un mercato più reattivo alle novità, ad esempio gli USA, il Giappone, la Corea e la Cina per le tecnologie, o altri stati particolarmente attivi nel tuo specifico ramo; come per i virus c'è sempre un lasso di tempo tra ciò che appare in uno stato e la propagazione negli altri, si può quindi giocare di anticipo.

Ricapitolando: attenzione ai contenuti e alla **qualità percepita**, che non vuol dire quella misurabile, vedi moda giovanile dei pantaloni stracciati; offerta e target devono essere perfettamente accoppiati per massimizzare le conversioni, le vendite; essere selettivi e mirati affinché l'utente ti riconosca come la soluzione migliore; offrire un saggio che invogli all'acquisto.

Per raggiungere i potenziali clienti esistono varie tecniche, alcune vecchie come il mondo ma ancora valide, altre moderne o modernizzate; oggi vanno di moda i **funnels**, termine e implementazione nuovi per un concetto vecchio, li vedremo in seguito; quando il numero dei destinatari diventa importante può essere opportuno **automatizzare** il meccanismo senza però sfociare nello spamming, ricorda che il cliente deve avere l'impressione di averti cercato, così non si sente infastidito ed è più propenso all'acquisto, descriverò delle tecniche e servizi ad hoc.

Approfondimenti

Google Trends

Link: https://trends.google.it/trends

Google My Business

Link: https://business.google.com

Google Manufacturer Center

https://www.google.com/retail/solutions/manufacturer-center/

Google Merchant Center

https://www.google.com/retail/solutions/merchant-center/

Google Marketing Platform

https://marketingplatform.google.com/

Branding

Il **marchio** riveste un ruolo primario, ti da un nome, un volto, ad esso è opportuno affiancare anche un **motto**, la gente lo memorizza più facilmente di un nome, specie se originale e simpatico, deve naturalmente essere in relazione con la propria offerta.

Al brand della società può essere opportuno affiancare un **Personal Brand**, un marchio associato a te stesso, specie per le piccole realtà imprenditoriali, ci stai mettendo la faccia, non sei un'entità impersonale, ricorda che l'uomo è un animale **sociale**, riconosce il prossimo, e in questo caso ti riconosce esperto nel settore di suo interesse; questa tecnica è utile anche per le società più grosse, soprattutto se associata a uno specifico prodotto o tipologia.

Il brand va fatto conoscere, questo significa **diffonderlo** ma in modo intelligente, non vanno sprecate risorse per una semina a tappeto o aspecifica, per quando possibile essere mirati, sintonizzare i canali al proprio settore, poco efficace e dispendioso pubblicizzare un kit da cucito in una rivista sulle automobili.

Su internet esistono tanti **canali** diversi, ognuno con le sue caratteristiche: notiziari, social di vario tipo, pubblicità, esperti nel muovere le masse (influencer), forum, blog, feeds, linking, servizi locali, li approfondiremo tutti; è opportuno muoversi su ogni mezzo, dando maggiore risalto a quelli che si adattano meglio alle proprie esigenze.

Il proprio Sito

Il tuo sito è la vetrina sul mondo della tua attività, ma come tutte le vetrine non va curata solo la parte estetica ma anche quella funzionale, inoltre bisogna tener conto che per renderla effettivamente "visibile" su internet va resa "gradita" ai motori di ricerca, sono loro che permettono di trovarti in rete, per fare ciò bisogna perfezionare composizione e contenuti.

La struttura più opportuna da usare è quella ad albero, parte dalla pagina principale e si dirama ai contenuti secondari; non è opportuno avere troppe ramificazioni, sia l'utente che i bot dei motori di ricerca faranno più fatica a raggiungere l'informazione di cui hanno bisogno, tre è un valore ottimale, l'utente dovrà al massimo cliccare su tre link per arrivare a destinazione, meno sono meglio è.

Queste le pagine necessarie:

- **Home page**, il punto di ingresso al tuo sito, leggero, semplice, veloce ma con il necessario affinché l'utente capisca di cosa tratti e trovi le cose che si aspetta. In Italia è obbligatorio mostrare la Partita IVA se si è un'azienda.

- La **Privacy e Cookie policy (GDPR in Europa)**, obbligatoria per legge nella maggior parte degli stati.

- I **Contatti** per farti trovare

- La **Traduzione** in altre lingue se ti muovi in un contesto internazionale

- **Chi sei**, affinché l'utente sappia con chi ha a che fare

- **Prodotti, servizi e contenuti**, il tuo business

Un aspetto da non sottovalutare è la sicurezza, per questo è necessario che il tuo sito sia accessibile con il protocollo **https** ed abbia il suo certificato **SSL**.

Esistono vari fornitori di servizi hosting, cioè che ospitano il tuo sito, in quelli **gratuiti** il dominio visualizzato nel tuo link sarà primariamente quello del fornitore del servizio, ad esempio www.mionome.fornitoreservizio.com, soluzione economica ma poco "**professional**", se possibile usare un proprio dominio, il costo annuo per la gestione del dominio e dell'hosting parte da poche decine di euro, ne vale la spesa; in tal caso potrai mostrare il tuo dominio, ad esempio www.mionome.com

Su internet esistono varie **estensioni**, la parte finale dell'indirizzo dopo l'ultimo punto, se possibile scegliere .com perché percepito migliore dagli utenti, oppure quello del proprio stato, specie se il proprio contesto è locale (.it per l'Italia).

I **files** che compongono il nostro sito si possono organizzare dentro cartelle per essere ordinati, ma vale sempre la regola di non esagerare, meglio non annidare più di due livelli di directory.

I **nomi** dei file devono essere esplicativi del contenuto ma non troppo lunghi, vanno evitati caratteri strani, meglio attenersi a lettere, numeri e il segno meno (-), l'uso delle sole minuscole è consigliato ma non indispensabile.

Ricordati quanto sia prezioso il **tempo**, l'utente non ne ha da perdere, per cui bisogna fornirgli le informazioni di base subito e poi dettagliare in seguito, in questo modo sarà invogliato a leggere e consumare i tuoi contenuti e quindi a rimanere nel tuo sito a lungo, questo oltre ad aumentare la probabilità di acquisto aumenta il tempo di **permanenza** nel sito, e questo è un fattore importante per i motori di ricerca, se l'utente resta nel tuo sito è segno che ha trovato ciò che cercava, e il motore prenderà più in considerazione la tua pagina per quella ricerca specifica.

Questa considerazione vale anche per la velocità di caricamento delle pagine, un servizio di hosting lento o pagine pesanti fanno sì che una parte degli utenti abbandonerà il tuo sito prima ancora che ne legga i contenuti; anche i bot dei motori di ricerca ne risentono perché ti concedono solo un piccolo lasso di tempo, e la tua pagina perde di posizioni.

Per definire gli stili di scrittura si usa un linguaggio particolare chiamato CSS, per comodità si può mettere la descrizione degli stili in un file a parte ma ciò rallenta, un file in più da caricare e interpretare, se si hanno pochi stili si può pensare di inserirli nella stessa pagina usando il costrutto <style>...</style> all'interno dell'head <head>...</head>.

Nel capitolo sui **contenuti informativi** entreremo nel dettaglio su cosa e come scrivere nelle pagine del proprio sito.

Ricorda che i **Banner** pubblicitari non rendono nulla a meno che tu non abbia un flusso di visitatori di migliaia al giorno, sono solo invadenti e fastidiosi.

Nel mondo si parlano diverse lingue, se vuoi mostrarti al mondo dei avere un sito multi lingua, almeno in Inglese; esiste un tool di **traduzione** automatica delle pagine in moltissime lingue fornito da Google, è utile inserirlo se non si ha la possibilità della localizzazione manuale delle pagine e dei dati nelle lingue che ti interessano; per far ciò va inserito un piccolo script in ogni pagina assieme a un pulsante di traduzione; però, come tutti gli script, anche questo rallenta, c'è di buono che, pur essendo una funzione molto importante non viene usata spesso, si può allora adottare un escamotage per ottenere "capra e cavoli":

normalmente dovresti aggiungere nella tua pagina gli scripts:

```
<script type="text/javascript">
function googleTranslateElementInit() {
new google.translate.TranslateElement({pageLanguage: 'it'},
 'google_translate_element');
}
</script>

<script type="text/javascript"
 src="//translate.google.com/translate_a/element.jscb=googleTranslateElementInit">
</script>
```

e mettere il seguente codice dove vuoi che appaia il tasto:

```
<div id="google_translate_element"></div>
```

Se usi il seguente trucco PHP puoi avere la funzionalità

del Google translate button senza aumentare "normalmente" il tempo di caricamento; aggiungilo nel punto dove vuoi che appaia il tasto:

```php
<?php
if ($_GET['Transl'] == "1")
{
echo '<div style="text-align: center;" id="google_translate_element"></div>';
echo '<script type="text/javascript" src="//translate.google.com/translate_a/element.js?cb=googleTranslateElementInit"></script>';
echo '<script type="text/javascript">';
echo 'function googleTranslateElementInit() {';
echo ' new google.translate.TranslateElement({pageLanguage: \'it\'}, \'google_translate_element\');}';
echo '</script>';
} else
{
echo '<a rel="noopener noreferrer nofollow" href="tua_pagina.php?Transl=1" title="Google translate">';
echo '<img src="tua_immagine.png" alt="Google translate" title="Google translate"></a>';
}
?>
```

Dove **tua_pagina.php** è la tua pagina da tradurre e **tua_immagine.png** è l'immagine iniziale, che fa da segnaposto, ad esempio un'immagine simile al tasto stesso, che puoi eventualmente sostituire con del semplice testo, ad esempio **Translate**, rimuovendo l'immagine dal link.

Come funziona:

- all'apertura della tua pagina appare l'immagine o il testo messo come semplice link, quindi lo script non viene interpretato e il caricamento è veloce.

- nel raro caso in cui l'utente vuole la traduzione preme il link e viene richiamata la stessa pagina con il parametro **? Transl=1**

- si riapre la pagina, ma questa volta il controllo **if ($_GET['Transl'] == "1")** la apre con il tasto di traduzione vero e proprio, in questo raro caso l'utente è ben disposto ad aspettare quel secondo in più perché ha richiesto una funzione specifica a lui indispensabile.

- A questo punto l'utente sceglie la lingua in cui tradurre e Google translate fa il resto.

Fai la misura della velocità con il tool

https://developers.google.com/speed/pagespeed/insights/

e vedrai un "Time to Interactive", e non solo quello, decisamente più basso rispetto all'uso ordinario dello script.

Lo stesso trucco si può usare per tutti quegli scripts che servono solo a richiesta, inutile e dispendioso interpretarli tutte le volte.

Approfondimenti

Scopri come realizzare siti straordinari

Link: https://www.google.it/intl/it/webmasters/learn/

Misurare la velocità di caricamento di una pagina

Link: https://developers.google.com/speed/pagespeed/insights/

Blogs

Uno dei modi più efficaci di portare clienti selezionati, e quindi ben disposti all'acquisto, verso il proprio negozio è quello di creare un Blog, cioè un sito di articoli, inerente agli argomenti correlati con i propri servizi e prodotti.

L'utente interessato ad articoli e prestazioni che tu fornisci cercherà nel web informazioni, consigli, recensioni e quant'altro gli potrebbe essere utile; se si creano buoni articoli sull'argomento potrà trovarli e quindi essere indirizzato verso ciò che offri.

Quando crei i contenuti bisogna mettersi nei panni dei potenziali clienti e farsi le domande a cui dare le risposte.

Ci sono tanti modi di creare blog e in generale siti, esistono dei pacchetti software precostruiti chiamati **CMS**, Content Management System, che rendono la creazione facile, veloce e molto flessibile, sono altamente personalizzabili, e il tuo sito può assumere l'aspetto che più gradisci ed avere le funzionalità che ti servono, ad esempio un eCommerce.

CMS ne esistono tanti, sia a pagamento che gratuiti, ma il più noto e diffuso è **Wordpress** (https://wordpress.org), se si vuole creare un buon Blog consiglio caldamente di usarlo, questo software è di per se gratuito, ma per farlo funzionare a dovere ha bisogno di un **Tema** che crei l'aspetto del sito, ne esistono di gratuiti e a pagamento, se si vuole implementare una soluzione business conviene indirizzarsi su quelli professionali perché meglio supportati, ottimizzati e aggiornati, i prezzi partono da poche decine di euro, quindi abbordabili, fate molto attenzione a quelle che sono le prestazioni in termini di caricamento del tema, bello ma lento non vende, veloce e semplice invece sì.

Wordpress fornisce anche un hosting gratuito di base espandibile con funzioni a pagamento (https://wordpress.com), naturalmente non ha le prestazioni di un servizio professionale ma è comunque molto buono, considerato che la velocità è una componente fondamentale.

Nella creazione di un blog è opportuno concentrarsi e specializzarsi su un solo argomento, in questo modo si attirerà quella particolare fetta di utenti interessati in modo speciale e quindi più propensi all'acquisto; qualora si volesse trattare più argomenti si può prendere in considerazione di avere più blog separati.

Articoli particolarmente graditi solo i **tutorial** per spiegare come fare qualcosa, la **recensione** che descrive e valuta un prodotto o servizio, una **collezione** di oggetti o risorse di una specifica tipologia, il **confronto** di più cose simili, un **consiglio** dettagliato sia sul da fare che su ciò che va evitato in un certo contesto; in generale, per il proprio specifico settore, bisogna pensare cosa cercherebbe l'utente, di cosa ha bisogno, e fornire così un brano scritto ad hoc per risolvere il suo specifico problema.

Dal proprio blog si possono raccogliere i **contatti** dei visitatori, chiedendo tipicamente nome ed email e specificandone l'uso che di questi dati si farà, ad esempio mandare i nuovi articoli, aggiornamenti sul settore trattato o proporre prodotti e servizi.

Direttamente nell'articolo si può suggerire la propria merce, naturalmente contestualizzata al testo.

Una cosa da fare quando scrivi nuovi articoli è vedere se puoi **collegarli** ad articoli già scritti inserendo un link ai vecchi, in questo modo l'utente interessato può leggere anche quelli.

Su Wordpress come sugli altri CMS si possono aggiungere funzionalità tramite componenti chiamati **plugin**, ve ne sono di tutti i tipi, compresi quelli utili al SEO, sia gratuiti che a pagamento, ma stare attenti perché potrebbero rallentare.

Come per i siti anche sui blog bisogna mettere le politiche di privacy e cookie, così come la partita IVA in Italia se sei una società e fai commercio tramite essi.

Sulle impostazioni di Wordpress puoi scegliere come memorizzare e come chiamare ogni nuovo articolo, è bene che il **nome** sia esplicito e chiaro, con un numero di cartelle il meno annidato possibile per mantenere l'URL a lunghezze accettabili e soprattutto leggibile dall'uomo.

Come per i siti, anche per i blog la sicurezza è necessaria, va usato https istallando un certificato SSL, ci sono servizi gratuiti che lo forniscono come Let's Encrypt https://letsencrypt.org/.

Gli articoli devono avere una **lunghezza** non inferiore a 2000 parole, bisogna scendere nel dettaglio ed essere completi, ricordarsi che le prime righe fanno la differenza, quando possibile schematizzare e aiutarsi con le immagini.

Se l'articolo tocca più punti inserire un **indice** (TOC, Table of Content).

Usare un linguaggio coinvolgente che stimoli la curiosità, porti a riflettere e a farsi domande.

Social Networks

Gli esseri umani amano socializzare, i social network sono buoni collettori di utenza, inoltre si possono creare i propri gruppi di discussione su uno specifico argomento, intervenendo da esperto puoi dare consigli e aiutare a risolvere problemi, avrai un ritorno di immagine.

Nei gruppi nuovi non tuoi entrare in punta di piedi, senza spammare, farsi prima conoscere, attenersi sempre al proprio **target**, per attirare le persone interessate agli argomenti che tratti, quelli relativi al tuo business.

Legare i vari social insieme, ma stare attenti a quelli che tendono a penalizzare i link come Facebook, meglio in questo caso mettere dei collegamenti di tipo discorsivo, usando delle parole chiave, il nome del proprio marchio, l'argomento primario di interesse, un motto, un'immagine o video.

Gli utenti usano i social specie per rilassarsi, usare un linguaggio divertente è di grande aiuto; non ossessionarli bombardandoli di pubblicità.

Youtube: premia avere video lunghi, almeno di 10 minuti, tenere alta l'attenzione con frequenti cambi di scena, correlare più video tra di loro per aumentare il tempo di permanenza; la piattaforma Youtube da molta rilevanza al tempo trascorso su di essa.

Instagram: la sua diffusione è in crescita, gli utenti sono attratti dalle foto, specie se curiose o divertenti, mettere sempre descrizioni (hashtag) pertinenti; le foto devono essere originali.

Facebook: se possibile aggiungere i post nei momenti di meno traffico per evitare che si perdano nel mare dei messaggi; essere concisi nelle descrizioni, poche decine di parole, se serve approfondire rimandare a un blog; stimolare l'interazione utente per essere in cima ai messaggi, è l'algoritmo che sta dietro Facebook, più un messaggio suscita interesse e più sta in alto nella classifica.

Forum: un po' in decadenza, ma vanno ancora bene quando è necessaria una forte interazione, come il porre o rispondere a domande specifiche; utile iscriversi a quelli relativi al proprio settore, aiutando al bisogno. Un proprio Forum è necessario come mezzo di sostegno ai propri prodotti, spesso ci sono volenterosi disposti ad aiutare gli altri.

Twitter: quando la tipologia dei tuoi servizi offerti lo permette, ad esempio settore informazione, avere in canale in cui cinguettare è utile.

Esistono diversi altri social networks, alcuni emergenti, altri diffusi solo in certi stati o molto settoriali, scegliere quelli più affini al propri target; come linea generale conviene scriversi a tutti, se non altro per tutelare il proprio marchio.

Canali di Comunicazione

Per fornire i propri prodotti e servizi bisogna instaurare una comunicazione **bidirezionale** con i propri potenziali clienti, una simbiosi.

Su internet è possibile attuare diverse forme di comunicazione, social media, sito, blog, forum, email, telefono, tramite questi canali si può dialogare con parole, immagini e video.

Per essere produttiva la comunicazione deve essere discreta, non invasiva, l'utente ha bisogno di risolvere un problema, noi dobbiamo aiutarlo proponendo la nostra soluzione.

Deve essere il compratore a cercarti, in questo modo sarà già predisposto ad acquistare, proporsi ma non imporsi.

I vari condotti di trasmissione devono portare al servizio o prodotto, tutti i canali vanno legati tra di loro (cluster) per ottenere questo obiettivo, accompagnare il visitatore verso il punto di interesse.

Una delle forme più efficaci, se correttamente utilizzate è l'email, va richiesta (Lead Generation) se vogliono approfondire un concetto che hai espresso, per arrivare al tuo prodotto o servizio.

Un modo per invogliare l'utente a fornirti i suoi dati (solo Nome e eMail) è quello di fornire in cambio articoli, corsi gratuiti, libri gratuiti (Lead Magnet); i **contenuti** devono essere di qualità, così il potenziale cliente può apprezzare il tuo lavoro e decidere di rivolgersi a te per le sue necessità.

Le pagine di raccolta dei dati si chiamano Squeeze page o Optin, si possono posizionare con discrezione in cima e in fondo a ogni pagina, o quando l'utente abbandona il sito; il form di richiesta deve essere molto **semplice**: nome, email, privacy, tasto invio.

Ricordarsi di NON fare spamming inviando email a tappeto, essere sempre discreti, inviare l'email solo a chi ha chiesto lo specifico servizio: news, blog, informazione sui prodotti; infastidire il cliente è controproducente, e alla lunga si paga.

Il contenuto delle email deve essere scritto con attenzione, essere concisi, proporre una soluzione al loro specifico problema, in fondo bisogna che metti i tuoi dati e la possibilità di disinscriversi.

Le email possono essere conoscitive come le newsletter per tenere informati sulle notizie, gli articoli del blog per aiutare su argomenti specifici, i **funnel** di vendita per fornire i propri prodotti.

I **funnel**, letteralmente imbuto, sono una *piccola* serie di email per portare il cliente, specie se indeciso, ad interessarsi al prodotto; non bisogna proporre subito la propria soluzione ma convincerlo, magari con dei regali e soluzioni parziali, che hai la soluzione ai loro bisogni, esistono servizi specifici per automatizzare il tale processo.

I **social media** possono essere usati sia per proporre che per dialogare e aiutare, ricordarsi che è dando che si riceve, discorso simile vale per i propri **siti** e **blog**, si forniscono informazioni utili alla soluzione di problemi reali, i **forum** sono adatti per rispondere alla domande e permettere ad altri utenti di aiutare al raggiungimento di una soluzione, questo è un valido metodo di supporto ai propri prodotti.

Contenuti Informativi

Quando si fornisce un prodotto informativo, sia a titolo gratuito che a pagamento, bisogna seguire tutta una serie di accorgimenti per ottenere un buon risultato, in primis per l'utente e poi per se stessi.

La **qualità** dei contenuti deve essere elevata, fare del proprio meglio per dare il massimo di se; non scoraggiarsi se non si è bravi scrittori, io non lo sono, i miei libri non vinceranno mai un premio letterario ma mi sforzo di dare tanti dettagli tecnici utili a chi mi legge; la scrittura deve basarsi sulle emozioni per essere persuasiva, esistono delle parole chiave che stimolano la mente di chi cerca la soluzione a un proprio problema, usare questi termini per aprire l'intelletto, li elenco chiedendoti di soffermarti e riflettere su ogni termine: il segreto per, il trucco efficace, il mistero del, essere positivi, ottenere, arrivare, scoprire, descrizione numerica (elencazione schematica), innovazione tecnica, sistema esclusivo, corso avanzato, unico metodo per; se si parla di prodotti: "prezzo", "offerta", "sconto", "caratteristiche", "recensioni", "comprare", "acquistare", "economico"; usare termini specifici ove applicabili, ad esempio "veloce", pensa agli attributi importanti del tuo prodotto/servizio, cosa lo distingue; più in generale si possono utilizzare: migliore, opinioni, alternativo, caratteristiche, specifiche, recensioni.

Ricordo che più **specializzati** si è e meno concorrenza si ha.

La lunghezza dei contenuti è importante, più è lunga è più l'utente e i motori di ricerca la percepiranno come completa e risolutiva, deve naturalmente avere anche la sostanza.

Per ogni servizio offerto va fatta una pagina/articolo a se, non cercare di dire tutto su tutto in un unico posto.

Trova uno **slogan** per la tua ditta e per il tuo prodotto o servizio, i motti sono relativamente facili da memorizzare, e se azzeccati portano l'utente a ricordarsi di te e a cercarti alla bisogna.

Quando si affrontano i problemi, propri e degli altri, bisogna entrare subito in azione, non farsi congelare dalla paura di sbagliare, una tattica utile per se e gli altri è scrivere eBook ed articoli sulle cose in cui si è ferrati, così puoi aiutare chi sull'argomento è meno preparato di te, ci sarà sempre qualcosa che conosci o sai fare meglio degli altri, puoi sempre migliorarti studiando e approfondendo gli argomenti e così diventare esperto su di essi e poter condividere il tuo sapere e saper fare, gratuitamente o per ricompensa.

Il **titolo**, il nome di ciò che si presenta è fondamentale, per gli angeli è addirittura il loro scopo, la loro missione, quindi pensare a qualcosa di rappresentativo senza scendere nello scontato, nel banale, nell'usuale, distinguersi sempre ma sintetizzando il contenuto, il titolo è una chiave di ricerca primaria, la keyword per eccellenza.

L'introduzione è la parte più importante del testo, del video o di ogni altra forma comunicativa, bisogna dare subito l'impressione all'utenza di aver trovato quello che stava cecando, così sarà invogliata ad approfondire.

Per raggiungere l'**obiettivo** bisogna usare la propria conoscenza ed esperienza, descrivere il modo migliore per arrivare a un risultato, gli errori commessi e come si è rimediato, usare prove concrete, asserire quali sono i pro e i contro, usare esempi applicativi, confrontare soluzioni, mettere un glossario dei termini tecnici per aiutare i neofiti, stimolare a muoversi verso una soluzione, dare più possibilità di scelta per venire incontro a necessità un po' diverse, fare riferimento ad articoli che comprovano la tua **soluzione**; mettere o linkare delle testimonianze per avvalorare il tuo punto di vista; il problema risolto per una persona potrebbe essere di aiuto ad altri che hanno problemi simili, quindi descrivere la propria competenza per essere considerati esperti del settore.

Alla fine di ogni cosa bisogna portare all'azione (call to action), che può essere un approfondimento ulteriore, un offerta gratuita o a pagamento, farsi lasciare i dati dal cliente (nome ed email).

Nel testo vanno messe le **parole chiave** (keyword), che non sono altro che le frasi tipiche che una persona cercherebbe su internet, questi punti di aggancio saranno usati dai motori di ricerca per arrivare ai tuoi contenuti e quindi indirettamente ai tuoi servizi e prodotti; la parola chiave principale, va ripetuta ogni centinaio di parole, vanno usati anche i sinonimi e le frasi affini; meglio usare **frasi brevi** che singole parole (long tail keyword) perché più si è specifici e maggiori sono le probabilità di finire nella prima pagina della ricerca, per le parole e frasi comuni invece non si ha alcuna possibilità.

Utile è lo strumento di pianificazione delle parole chiave di Google (Link: https://ads.google.com/home/tools/keyword-planner/), il quale permette di cercare e verificare le frasi più giuste al proprio contesto.

Ricerca le keyword, e le frasi attinenti al tuo argomento su Google e gli altri motori di ricerca per vedere che ricerche suggeriscono nella tendina che si apre, puoi usare quelle frasi nel testo perché sono parole chiave già cercate dall'utenza; ogni tanto usa il grassetto e gli altri mezzi per evidenziare e risaltare, ma senza esagerare.

I collegamenti ai tuoi **contatti** devono essere ben visibili, in modo che se l'utente è intenzionato a cercarti ti possa facilmente trovare.

Lo ripeto più volte affinché si fissi nella tua mente, di grande importanza è essere mono argomento, selettivi, specializzati, avere un **target** ben preciso, parlare di tutto a tutti non ti rende esperto in niente, se hai più doti e vuoi renderle disponibili considera l'ipotesi di avere più siti specializzati; attirerai un'utenza ben specifica ed interessata, quindi potrai aiutarla meglio e lei aiuterà te; questo vale anche per gli argomenti trattati, non mettere troppa carne sul fuoco, descrivi giusto le soluzioni a un problema **specifico**, se poi hai altre argomentazioni correlate ma indipendenti allora scrivi a parte su queste ultime e legale a quelle antecedenti, ad esempio parli di una macchina del caffè, approfondisci quella, non discutere nel dettaglio delle cialde, fai un articolo approfondito sulle cialde e lega i due testi; nell'articolo sulle macchine del caffè non parlare anche di frullatori e spremi agrumi, tanto meno di vasi per i fiori.

Suggerisco **Neilpatel Ubersuggest** per fare un'analisi dei contenuti messi online (gratis e a pagamento, Link: https://app.neilpatel.com/).

I BackLink

Un aspetto importante per il Local SEO come per quello globale è l'indirizzamento da parte di altri siti al nostro, i backlink, questi permettono di dare notorietà al nostro sito e verrà considerato dai motori di ricerca come elemento rilevante ai fini del ranking, del posizionamento nei risultati forniti.

Discuteremo dell'argomento in un capitolo dedicato.

Approfondimenti

Neilpatel Ubersuggest analisi dei contenuti online

Link: https://app.neilpatel.com/

Strumento di pianificazione delle parole chiave di Google

Link: https://ads.google.com/home/tools/keyword-planner/

Immagini, Video, Audio

L'immagine è un potente mezzo di comunicazione, sia in forma statica che video, in alcuni contesti anche l'audio è fondamentale, ma non va messo come musica di sottofondo nei siti, mi raccomando, vi inimichereste la gente.

Esistono su internet fornitori di immagini gratuite, assicurasi che siano veramente distribuibili, preferibilmente nel Pubblico Dominio (licenza CC0 o simili), altre possono anche essere comprate e distribuite sotto certe condizioni, di seguito un elenco non esaustivo di siti:

https://unsplash.com/

http://pickupimage.com/

https://picjumbo.com/

https://digitalcollections.nypl.org/

http://publicdomainvectors.org/

https://stocksnap.io/

https://pixabay.com/it/

http://skuawk.com/

http://www.splitshire.com/

http://www.lifeofpix.com/

https://www.pexels.com/

http://gratisography.com/

Chi può e sa farlo, meglio fotografarle da se, e si è sicuri dell'originalità oltre alla rappresentatività di ciò che si vuole descrivere, ciò è fondamentale per gli articoli che si vendono, niente miniature da visita oculistica, immagini chiare e contestualizzate all'uso del prodotto.

Anche per video e suoni c'è da stare attenti al copyright onde evitare inutili seccature e rispettare i diritti altrui.

I video nelle pagine dei siti vanno usati con moderazione perché pesanti, evitare l'autoplay, antipatico ai più, lasciare all'utente la libertà di decidere, le imposizioni sono sempre deleterie.

Naturalmente i contenuti multimediali devono essere aderenti e coerenti con l'argomento.

Altra rappresentazione visiva molto gradita sono gli schemi, i grafici, le tabelle, tutto quanto può essere di supporto alle nostre argomentazioni.

Per tutti i formati degli oggetti è necessario usare dei nomi rappresentativi, no a video123, image27, ma una descrizione concisa del contenuto, usando le keyword; inserire anche un'opportuna didascalia.

Se si realizza i contenuti da se valgono i discorsi fatti per i testi, cambia solo il canale di comunicazione dell'informazione, ma le tecniche sono le stesse; importante la prima parte, c'è chi usa lo schema APP (Agree, Promise, Preview), accondiscendere al problema, promettere e anticipare la soluzione, ma dipende dal contesto descrittivo; non essere noiosi, movimentare la scena aumenta l'attenzione e la memorizzazione, una durata di 10 minuti è l'ideale se il video è il mezzo primario, ma può essere molto più corto in funzione di cosa si sta comunicando, ad esempio le descrizioni video di passaggi specifici in un testo devono essere concise, sono solo da supporto.

I video come mezzo primario di comunicazione vanno accompagnati da delle slide, dispense, testi, per fornire i dettagli a portata di mano; il video comunica meglio ma lo scritto e più pratico per ricercare ed usare i singoli dati.

In generale la comunicazione può essere mista, testo, immagine, audio, video purché armoniosa, l'obiettivo è sempre quello di comunicare un messaggio nel modo più efficace possibile; la simpatia funziona sempre, i video divertenti e quelli spettacolari sono i più gettonati di Youtube.

La risoluzione delle immagini e dei video deve essere pensata per il mezzo trasmissivo, di norma il cellulare, quindi ne troppo alta, non servirebbe e sarebbero più pesanti, ne di bassa qualità da essere sgradevoli o illeggibili.

Come per i testi anche i contenuti multimediali si devono collegare, linkare, ad argomenti correlati, qualunque sia il mezzo comunicativo usato per descriverli, questo permetterà all'utente di approfondire, se vuole, e aumenterà anche il tempo di permanenza nei nostri canali, ciò vale sia tra i vari documenti interni che per i collegamenti esterni, ad esempio i social o altri siti.

Linking

I links sono il meccanismo principale con cui si accede alle informazioni su internet; i vari siti, e le pagine in essi, sono legati tramite links, per questo motivo riveste particolare importanza la loro cura e gestione, sia per quelli interni ai propri siti sia esterni ad essi.

Vige il principio che più i nostri dati sono linkati esternamente e maggiore è la **probabilità** di essere trovati dai potenziali clienti; i nostri link devono essere presenti nei motori di ricerca e in altri siti attinenti alle argomentazioni da noi trattate.

I link **interni** ai propri siti servono a **correlare** prodotti ed articoli, nonché i siti stesi se se ne ha più di uno, ad esempio se si tratta di aspirapolveri si può linkare ai propri sacchetti, se si parla di robot collegare il download dei relativi aggiornamenti software; questo permette all'utente di navigare all'interno della nostra struttura dati per ottenere prodotti, servizi e nozioni di cui necessita; tra questi ci sono i **Breadcrumb**, la sequenza di connessioni nella gerarchia ad albero delle nostre pagine, ad esempio home->computer->portatili.

I link verso l'**esterno** servono a legare altri siti con informazioni, servizi e prodotti attinenti al proprio business, tra questi ci sono anche le **affiliazioni** con società terze; lo scopo e sempre quello di fornire all'utenza un servizio che comunque produce un ritorno, non necessariamente di tipo economico, a cui siamo interessati: per i nomi dei link esterni evitare l'uso di keyword di proprio interesse perché altrimenti portate il motore di ricerca a collegarle a siti non tuoi; se si posseggono più siti chiaramente bisogna legarli insieme.

I link esterni verso i nostri siti (**backlink**) sono quelli che possono condurre potenziali visitatori verso i nostri contenuti, questi collegamenti rappresentano una fonte molto importante e possono essere ottenuti in vari modi, social networks, la pubblicità (con moderazione), siti che trattano argomenti simili al nostro, siti di liste di attività affini, siti di vendita di prodotti dove esponiamo i nostri, in generale qualunque fonte esterna che possa essere in relazione con noi in modo da portare traffico in target.

Come trovarli? Basta fare una ricerca come se si cercasse se stessi, escludere quelli che sono i nostri concorrenti, e prendere in considerazione i rimanenti.

Mettere sempre l'attributo target="_blank" nei link esterni in modo che il browser apra una nuova pagina e la propria rimanga ancora aperta.

Una tecnica è quella di fornire a dei blog o siti che trattano di argomenti affini al nostro degli articoli di qualità (**guest post**) in cui è presente il nostro link con nel nome del link il nostro brand, se il blogger trova interessante il contenuto può decidere di pubblicarlo, naturalmente noi possiamo ricambiare il favore; possono anche essere presentati i nostri prodotti ma esaltando la risposta a un bisogno altrui.

Maggiore è l'**autorità** del sito che ospita i nostri link e maggiore sarà la probabilità che un utente decida di visitarci; se abbiamo un'attività è opportuno essere presenti nei vari siti specializzati che elencano le attività; se si ha un'attività **locale** è utile avere nel link il nome della città.

I motori di ricerca non sono altro che dei servizi che forniscono links a informazioni di cui l'utente necessita, perciò è importante che il nome del file che compare negli **URL** (il percorso completo alla nostra pagina) deve essere esplicativo del contenuto, anche le cartelle dei contenuti devono essere significativi e il meno possibile annidati così da avere una lunghezza modesta e i collegamenti risultano facilmente leggibili e interpretabili da umani e macchine (**bot** di indicizzazione dei motori di ricerca).

Anche l'**anchor text** associato al link è importante e deve essere descrittivo, questo vale sia per i collegamenti interni che esterni, quindi ad esempio se si vuole fornire un software per i mutui casa, non scrivere *"scarica il software dal seguente link"* ma *"scarica il* <u>**Software per**</u>

<u>il calcolo del mutuo</u>", che poi in HTML assumerà una forma del tipo

<a href="https://www.miosito.com/download/software-calcolo-mutuo.zip">Software per il calcolo del mutuo</a>.

In questo modo il motore di ricerca saprà di cosa si tratta e potrà indicizzarlo.

Structured Data Markup

I motori di ricerca, oltre ad usare i dati esplicitamente mostrati nelle pagine dei siti internet, usano dei dati non visibili all'utente, ma presenti nelle medesime pagine, ammesso che tu ce li metta, chiamati "**Structured Data Markup**", questi dati si dichiarano nella HEAD in cima alle pagine, io per chiarezza le inserisco subito prima di </head>.

Lo schema usato da questi dati è quello https://schema.org/ e il formato preferito è JSON-LD.

Questi testi strutturati servono per informare il motore sui contenuti nella pagina e devono essere coerenti con essi; ad esempio si può descrivere un'organizzazione, una persona, un ristorante, una ricetta, un libro, le tipologie di dati descrivibili sono tante, e si rimanda ai links inclusi per una lista esaustiva; da questo Markup il motore di ricerca può capire in modo rigoroso come sono strutturati i dati e può quindi presentarli nella forma corretta; qui porto qualche esempio pratico:

Breadcrumb della pagina

```
<head>
... omissis ...
   <script type="application/ld+json">
   {
```

```
    "@context": "https://schema.org",
    "@type": "BreadcrumbList",
    "itemListElement": [{
      "@type": "ListItem",
      "position": 1,
      "name": "Turcotronics",
      "item": "https://turcotronics.it/"
    },{
      "@type": "ListItem",
      "position": 2,
      "name": "Aumenta il numero dei tuoi clienti",
      "item": "https://turcotronics.it/come aumentare i clienti.php"
    }]
  }
</script>
</head>
```

Descrizione di un'organizzazione

```
<script type="application/ld+json">
  {
    "@context": "https://schema.org",
    "@type": "Organization",
    "address": {
     "@type": "PostalAddress",
     "addressLocality": "Milazzo, Italia",
     "postalCode": "98057"
    },
    "email": "informa@turcotronics.it",
    "alumni": [
```

```
    {
      "@type": "Person",
      "name": "Rodolfo Turco"
    }
  ],
  "name": "Turcotronics",
  "telephone": "+39 3484504760",
  "url": "https://turcotronics.it",
                                        "logo": "https://turcotronics.it/immagini/TuT.png"
  }
</script>
```

Descrizione di una persona

```
<script type="application/ld+json">
  {
    "@context": "https://schema.org",
    "@type": "Person",
    "email": "mailto: informa@turcotronics.it",
    "image": "immagini/Rodolfo.jpg",
    "jobTitle": "Titolare Turcotronics",
    "name": "Rodolfo Turco",
    "telephone": "+39 3484504760",
    "url": "https://www.turcotronics.it/"
  }
</script>
```

Descrizione di un video

```
<script type="application/ld+json">
  {
   "@context": "https://schema.org",
   "@type": "VideoObject",
        "thumbnailUrl": "./immagini/Sintesi-SEO-Marketing.jpg",
        "contentUrl": "video-corso-seo-marketing-turcotronics.php"
   "uploadDate": "2020-11-11",
   "name": "Video Corso SEO Marketing",
    "description": "Video Corso su SEO e Marketing per migliorare il tuo business online.",
   "author": {
           "@type": "Person",
           "name": "Rodolfo Turco"
       }
  }
</script>
```

Descrizione di un libro

```
<script type="application/ld+json">
  {
   "@context": "https://schema.org",
   "@type": "Book",
   "bookFormat": "EBook",
   "copyrightHolder": {
     "@type": "Person",
     "name": "Rodolfo Turco"
```

```
  },
  "copyrightYear": "2020",
  "description": "Sintesi SEO Locale",
  "inLanguage": "it",
  "name": "Sintesi SEO Locale",
  "publisher": {
    "@type": "Organization",
    "name": "Turcotronics"
  }
}
</script>
```

Come si vede si usa una struttura gerarchica e dei tag specifici per indicare ogni elemento di dettaglio, al link https://developers.google.com/search/docs/guides/intro-structured-data trovi un utile articolo di introduzione.

Per validare la correttezza delle strutture che crei puoi usare diversi tools online, io ti segnalo quello di Google https://search.google.com/structured-data/testing-tool

Con questo meccanismo è possibile inserire anche dati multimediali, il motore di ricerca, a propria discrezione, potrà usarli per migliorare l'esperienza utente e mostrare così risultati pertinenti a ciò che sta cercando; per validare questi dati si può usare il tool https://search.google.com/test/rich-results

Approfondimenti

Schema usato nello Structured Data Markup

Link: https://schema.org/

Formato dati consigliato nello Structured Data Markup

Link: JSON-LD Linked Data format

Introduzione ai dati strutturati

Link: https://developers.google.com/search/docs/guides/intro-structured-data?hl=it

Tool di test dei dati strutturati

Link: https://search.google.com/structured-data/testing-tool

Tool di test dei dati multimediali

Link: https://search.google.com/test/rich-results

Affiliazioni

Un metodo di commercio vecchio come il mondo è quello di vendere i prodotti e servizi altrui, questo è il caso classico del negozio sotto casa, ma è implementabile anche su internet in diversi modi tra cui l'eCommerce diretto, il Dropshipping di cui parlerò nel capitolo relativo all'eCommerce, e le Affiliazioni.

Per **Affiliazione** si intende la proposta di qualcosa venduta fisicamente da altri, l'utente compra tramite il tuo consiglio senza spendere nulla in più ma anzi ottenendo a volte degli sconti, mentre tu, l'affiliato, ottieni una parte dei ricavi del venditore per avergli procurato il cliente; qualche volta si usa anche il termine **Referral**.

Tantissime società propongono programmi di affiliazione, molte famose come Amazon e Google, altre meno note; va fatta un'accurata **selezione**, scegliendo solo quelle società che propongono servizi e prodotti di qualità e con serietà, questo perché ci si mette la propria faccia, si consiglia qualcosa; nella mia esperienza personale mi sono iscritto a decine di programmi di affiliazione ma meno di un terzo hanno superato l'esame, e non tutti a pieni voti, per etica professionale, quando propongo qualcosa scrivo esplicitamente che si tratta di affiliazione e metto delle note chiarificatrici ove ritengo necessario.

I programmi di affiliazione vanno scelti in attinenza a ciò che di proprio si offre o di cui si è esperti, e solo su cose che si conoscono bene per esperienza diretta.

Le **commissioni** ottenute dalle affiliazioni variano molto, da pochi punti percentuale all'intera quota, se convenga o meno va valutato volta per volta, non sempre maggiore percentuale corrisponde a maggiore guadagno, dipende da quanto vendibile è il prodotto tramite il tuo canale; chi è esperto di pneumatici e suggerisce verdure difficilmente sarà convincente, ma se suggerisce quel modello di pneumatico di quella marca perché è montato nella propria auto allora il cliente ha più fiducia nel consiglio.

Si può invertire la cosa e creare un **proprio programma** di affiliazione, in tal caso saranno altri a proporre i tuoi prodotti e servizi, e in cambio dei clienti che ti procureranno riconoscerai loro una parte del tuo guadagno; se anche i big del commercio elettronico usano questa tecnica è chiaro segno che il meccanismo funziona e porta dei benefici.

Sia che si è affilianti che affiliatori esistono dei **servizi** in rete che permetto di aderire o offrire l'affiliazione, ciò sgravia della parte gestionale ma naturalmente il servizio ha un costo, in genere una percentuale sulla transazione; nulla toglie che si possa fare tutto da se.

Per esempio la mia affiliazione a ShareASale https://www.shareasale.com/

Per Wordpress e i principali software di eCommerce esistono **plugin** che permettono di inserire le affiliazioni con una certa configurabilità.

Sia che si disponga di un Blog che di un sito ordinario si può dedicare uno spazio per ogni programma di affiliazione dove si descrive pro e contro per chiarezza verso l'utente.

Documentazione utile la trovi nel sito di affiliazione Amazon

https://amazon-affiliate.eu/

eCommerce

Internet è un mercato enorme, si può comprare e vendere di tutto.

Può essere una grande vetrina per la propria attività locale, come un'opportunità per svolgere vecchi e nuovi mestieri esclusivamente online, le possibilità sono molteplici e c'è spazio per quasi ogni lavoro, quale che sia la tua propensione da neofita o business da veterano.

Ci sono diverse possibilità di implementare un commercio elettronico, descrivo le principali:

Commercio diretto e indiretto dal proprio sito

Si può implementare un negozio online avendo un sito internet e inserendo dei software gratuiti che permettono di creare un negozio, i più famosi sono WooCommerce e PrestaShop, ma ve ne sono altri.

Nel proprio negozio si possono vendere sia i propri prodotti e servizi sia prodotti di altri di cui si ha la merce in magazzino se sono fisici, sia prodotti di altri in **dropshipping**, cioè vendendo dal proprio sito ma effettuando a propria volta in automatico l'ordine su un altro negozio mettendo l'indirizzo di spedizione del cliente finale, in questo caso non si ha un proprio magazzino ma bisogna comunque gestire vendita e assistenza; per il dropshipping si consiglia di appoggiarsi solo a negozi che hanno un magazzino locale, ad esempio per l'Italia uno Europeo, altrimenti i tempi di spedizione sono veramente lunghi, dalla Cina superano tipicamente il mese, e in periodi di crisi, come quella generata dal virus COVID-19, non arrivano affatto.

Commercio da altri siti

I propri prodotti e servizi si possono vendere su altri siti come ad esempio Amazon, eBay, Google o Apple, a seconda del tipo di merce offerta; si può proporre anche il proprio materiale a negozi online specializzati nel proprio settore, ne esistono di ogni tipo, basta fare una ricerca mirata su internet.

In ogni caso, qualsiasi forma si adotti, è sempre necessario far sentire la propria presenza online tramite i mezzi descritti in questo libro, cioè sito ordinario, blog, social network, email, pubblicità (con moderazione e intelligenza o si va in perdita) e tutte le altre forme di comunicazione elettronica; se i potenziali clienti non ti trovano non comprano di certo, questo è il motivo per cui le tecniche SEO e Marketing vanno applicate bene, più si ottimizza e maggiori sono le probabilità di successo.

Per chi è alle **prime armi** e non ha ancora un prodotto proprio ma vuole cimentarsi nel mondo internet, consiglio di iniziare con un sito ecommerce semplice, un blog e dei prodotti digitali come eBook, video e corsi (**infoprodotti**), se poi si hanno delle abilità e arrivato il momento di renderle proficue (opere artistiche, manifattura di oggetti, qualunque cosa in cui sei più bravo della media); per iniziare non servono soldi o ne bastano pochi, man mano che si hanno maggiori disponibilità economiche si può accedere a servizi a pagamento più evoluti, quindi più prestanti ed efficaci, così da incrementare progressivamente gli **introiti**, naturalmente se si parte con un investimento iniziale si ha maggiore possibilità e una più veloce crescita, ma se non si può non bisogna scoraggiarsi, molti miliardari hanno fatto la gavetta, sono partiti in modo umile e semplice, se l'idea è buona e c'è l'impegno, nel tempo si faranno vedere anche i risultati; tutti siamo esperti in qualcosa, non serve essere dei geni, basta essere più preparati della media in un settore, inoltre ci si può sempre migliorare **studiando**, si sarà così in grado di offrire qualcosa di concreto a chi, in quello specifico settore, è meno preparato o sta cercando l'oggetto che hai creato, è il caso classico di chi fa il professore, non ci si nasce, si studia, impara e trasmette come meglio si può quanto si è appreso, o il caso dell'artigiano che crea e vende il frutto del proprio lavoro; anche dare lezioni online è un metodo per arrotondare; il dropshipping è un'altra opportunità da prendere in considerazione; affiliazioni e referral permettono ulteriori entrate.

Specializzarsi in uno **specifico settore** è molto importante, si avrà meno concorrenza, si sarà considerati esperti e quindi si avranno più possibilità, ricordarsi che anche una nicchia ristretta, essendo internet molto esteso, può comunque contenere una massa critica di utenti, sufficienti a creare un buon reddito; a questa attività primaria si possono aggiungere i servizi di contorno, sempre attinenti al proprio settore, utili ad incrementare e stabilizzare gli introiti.

Internet può e deve essere anche la **vetrina** per le tue attività locali, che tu abbia un negozio, ufficio, ditta o che tu sia un fornitore di servizi senza una sede fisica, essere presenti in rete è diventato fondamentale, la tua diretta concorrenza lo fa e se tu non ti adegui resti tagliato fuori, perdi terreno, perdi clienti, ad ogni cambiamento ci si deve adattare o ci si estingue, i dinosauri malgrado fossero grossi e forti non esistono più; a tal proposito leggi il mio libro gratuito **"Sintesi SEO Locale"**

Link: https://www.turcotronics.it/Sintesi_SEO_Locale_-Turcotronics.php

Approfondimenti

Woo Commerce

https://woocommerce.com/

Presta Shop

https://www.prestashop.com/

Concorrenti

Ogni mercato ha molte figure che forniscono gli stessi prodotti e servizi, se non uguali certamente simili; non c'è un solo idraulico ne un solo venditore di computer, se stai leggendo questo libro significa che anche nel tuo settore non sei l'unico operatore, c'è la concorrenza.

Pensa per un momento di essere l'**unico** imbianchino della tua città, non sarebbe bello?

Avresti sempre lavoro e potresti alzare il prezzo del servizio.

Per ottenere ciò, o per lo meno avvicinarcisi, devi **specializzarti**, avere un campo di intervento e quindi un target di utenza ristretta, di elite, lì sarai l'unico o uno dei pochi, con tutti i vantaggi che ciò comporta; naturalmente bisogna avere comunque un bacino di utenza sufficiente, e questo su internet è facile, lo è molto meno si lavora in un paesino e si vende solo localmente, quindi va pensato bene il settore da scegliere nel caso in cui il proprio ambito fosse strettamente locale, in tal caso bisogna necessariamente differenziare l'offerta.

Altra soluzione è quella di essere il **migliore** del settore, chi vuole il meglio, ed e quindi disposto a pagare di più, deve chiamare te.

Ma come essere il migliore?

La risposta è simile a quella antecedente, **differenziandosi**, fornire ciò che una cerchia ben precisa cerca, in quello specifico settore si è in pochi, se non addirittura i soli fornitori, è quindi molto più facile essere i migliori o tra i primissimi.

Se non si riesce ad ottenere quanto prima descritto si può sempre provare ad avvicinarsi alla situazione ideale, una tecnica ovvia è quella di **analizzare** quello che offre la concorrenza, fai una ricerca, vedi cosa forniscono e come lo fanno i primi della lista, prova a realizzare qualcosa di migliore in uno o più aspetti importanti, applica le corrette tecniche SEO e marketing e cerca di scalare la vetta, se ciò che realizzi ha un aspetto interessante che altri non hanno, ecco che coloro che apprezzano quel dettaglio ti prediligeranno.

Naturalmente bisogna essere **realisti** e concreti, se hai appena aperto il tuo negozietto online e pensi di fare concorrenza ad Amazon hai ben scarse possibilità, la lungimiranza è una bella cosa ma i sogni, nell'immediato, non riempiono lo stomaco ne pagano le bollette; bisogna iniziare a muoversi dove si hanno reali possibilità nel breve termine senza trascurare gli sviluppi futuri.

Un fattore importante è il **prezzo**, se si è in pochi o si è realmente più bravi della media lo si può alzare, altrimenti tocca uniformarsi al mercato.

Analizza ogni aspetto della concorrenza che sta davanti a te, caratteristiche dei prodotti, prezzo, servizi correlati, pregi e difetti, parere dei clienti, metodi di marketing, sistemi di comunicazione, keyword usate; se nella prima pagina di ricerca trovi risultati non appartenenti a concorrenti puoi verificare se possono portarti dei vantaggi proponendo loro una **simbiosi**, un vantaggio reciproco, ciò che non è contro di te può essere portato a favore di te.

Ottimizzazione codice

Qualunque sia il contenuto e l'architettura usate nel proprio sito bisogna prestare attenzione all'ottimizzazione SEO e alla velocità di caricamento.

Il sito deve essere gradevole ma leggero, più lo si appesantisce e più ne risente negativamente l'esperienza utente, alla gente interesso molto poco che sia super bello, gli servono le informazioni e gli servono subito, una grossa percentuale di utenti abbandona il sito prima ancora che si apra tutto perché è lento; altri, io in primis, escono subito appena lo vedono denso di pubblicità e popup, siti fastidiosissimi da leggere, io chiudo e cerco altrove, e così faranno anche i tuoi visitatori.

Ricordarsi che già da un pezzo la maggior parte delle ricerche e visualizzazioni avvengono da smartphone, quindi schermo piccolo e bassa potenza di calcolo, il sito deve necessariamente essere ottimizzato per i telefonini, Google è stata molto chiara a proposito.

La mancata ottimizzazione SEO penalizza notevolmente il posizionamento nei motori di ricerca e l'utente semplicemente non ti trova, non esisti, magari sei in quarta pagina, ma quanti ci vanno?

In seguito descrivo semplici ma necessarie ottimizzazioni da realizzare sui files del proprio sito; se si ha accesso diretto ai files sarà facile, un po' più difficoltoso per i siti basati su CMS come Wordpress ed altri, ma esisto plugin che semplificano il compito.

Come prima cosa è necessario il **meta viewport** per adattare la pagina agli schermi dei telefonini.

`<meta name="viewport" content="width=device-width, initial-scale=1">`

Il **meta title** deve essere tra 30 e 60 caratteri e preferibilmente contenere il proprio Brand; perché è ciò che vede l'utente nelle ricerche.

Il **meta description** deve essere tra 70 e 150 caratteri, ci vanno le keyword primarie.

Il **meta keyword** non deve avere chiavi duplicate, non esagerare con la lista, non serve.

I **titoli H1** non devono essere duplicati con le meta title e description, non fare copia e incolla selvaggio, preferibilmente deve avere un maggior dettaglio del meta title.

Anche i **titoli H2** sono importanti se pur secondari, farne uso e mantenersi sotto i 70 caratteri.

Il **numero di parole** nella pagina deve essere sufficientemente elevato, circa 2000 parole, con le keyword primarie e secondarie ben distribuite; non sempre questo si riesce a fare in prima pagina, perché per motivi di presentazione è in genere più sobria delle altre.

Gli **anchor text** di link e immagini devono essere descrittivi e chiari per l'utente e per i bot.

La **URL** della pagina deve mantenersi sotto i 55 caratteri, tutto compreso, quindi pochi annidamenti di cartelle e nomi dei file significativi ma non kilometrici.

Un grosso impatto sui tempi di caricamento lo hanno i file **CSS** di stile, se possibile, anche se è più oneroso da mantenere mettere lo stretto necessario inline alla pagina tramite <style> ... </style>.

Altro mattone sono gli **script**, usare quelli realmente necessari, ove possibile caricarli in differita o su richiesta utente, in questo testo ho spiegato una tecnica.

La pagina di ottenimento **email** dovrebbe essere per conto suo, in modo che lo script del **captcha** non appesantisca la prima pagina, che è quella di maggior importanza; in generale cercare di **distribuire** il carico su più pagine anziché mettere tutto su una sola.

Limitare al massimo la **pubblicità** e i **video**, mantenere le **immagini** a una risoluzione bassa ma non tanto da sgranare, vanno usati formati con una buona compressione e recenti.

Compattare (minifier) il codice rimuovendo tutto ciò che non è necessario.

Il **tema** del CMS fa la differenza, temi non ottimizzati sono lenti, il tempo di caricamento deve essere uno dei parametri di scelta primari.

Per i CMS esistono vari **plugin SEO** che permettono di impostare i parametri elencati, cercarli nella lista dei plugin, se ne trovano gratis e a pagamento, Yoast SEO è il più noto.

Per l'analisi dei contenuti usare siti tipo Neilpatel Ubersuggest che permettono di scovare errori SEO, https://app.neilpatel.com/

Per testare la velocità del sito e dei temi CMS ci sono diversi tools, propongo i seguenti siti:

Google PageSpeed Insights

https://developers.google.com/speed/pagespeed/insights/

Pingdom Website Speed Test

https://tools.pingdom.com/

GTmetrix

https://gtmetrix.com/

Questi software permettono, oltre a misurare la velocità, di capire quali sono i componenti che rallentano maggiormente, eliminare quelli non necessari e ottimizzare i restanti; tipicamente si tratta di scripts e fogli stile CSS.

Altre note sulla velocità

La scelta dell'**hosting**, il servizio che ospita il sito, è fondamentale, poche decine di euro in più su uno buono possono fare la differenza, sceglierlo in funzione delle nazioni in cui si vuole essere presenti, un hosting locale può essere più prestante di uno più veloce ma estero se si vuole essere presenti soprattutto in uno specifico stato o continente; per i miei siti ho scelto un servizio Italiano con estensione Europea, propongo il link alla mia affiliazione:

VHosting, hosting europeo con sede in Italia

Se devo essere presente in un altro specifico stato o continente, faccio delle ricerche locali.

Evitare se possibile il **redirect** delle pagine, specie la prima; inserire tutti i propri link con il www e impostare in accordo il sito, serve alla CDN (Content Delivery Network), si evita di dover convertire nomesito.com in www.nomesito.com

Usare le **caches**.

Impostare la **compressione** delle pagine.

Usare le **CDN**, Cloudflare è la più nota, se si vuole essere abbastanza veloci anche negli stati in cui il proprio hosting non ha datacenters.

Risorse Utili

Da Turcotronics

eBook gratuito "Sintesi SEO Locale"

Link: https://turcotronics.it/Sintesi SEO Locale - Turcotronics.php

Prodotti, servizi, offerte e materiale gratuito

Link: https://www.turcotronics.it

Articoli Blog per tenersi informati

Link: https://www.turcotronics.com

Da Google

Guida introduttiva all'ottimizzazione per i motori di ricerca (SEO)

Link: https://support.google.com/webmasters/answer/7451184

Scopri come realizzare siti straordinari

Link: https://www.google.it/intl/it/webmasters/learn/

Migliora il rendimento del tuo sito nella Ricerca Google

Link: https://search.google.com/search-console/about

Google Analytics, analisi approfondita dell'andamento del tuo sito

Link: https://analytics.google.com

Strumento di pianificazione delle parole chiave

Link: https://ads.google.com/home/tools/keyword-planner/

Google My Business

Link: https://business.google.com

Google Manufacturer Center

https://www.google.com/retail/solutions/manufacturer-center/

Google Merchant Center

https://www.google.com/retail/solutions/merchant-center/

Google Marketing Platform

https://marketingplatform.google.com/

Da altre fonti

Neilpatel Ubersuggest analisi dei contenuti online

Link: https://app.neilpatel.com/

Let's Encrypt

Link: https://letsencrypt.org/ certificato SSL

Glossario

Affiliazione Collaborazione commerciale per la proposta di prodotti e servizi

App Applicazione software sul cellulare

Blog Sito di articoli informativi su uno specifico argomento

Bot Software automatico che compie un'azione, ad esempio cercare qualcosa

Dashboard Pannello di controllo

Dati strutturati Informazioni che descrivono la struttura di qualcosa (persona, video, organizzazione, ...)

Directory Cartella: sito che elenca attività

Domotica Automazione domestica

eBook Libro elettronico leggibile su cellulari, computer e dispositivi ad hoc

Embedded Incorporato

Feedback Effetto retroattivo di un messaggio o di un'azione

Funnel Imbuto, tecnica per portare clienti al proprio business

Home Casa

Hosting Servizio che ospita i dati del proprio sito internet

NAP Name Address Phone: nome, indirizzo e telefono

Pan Panoramica

Post Articolo, rassegna

Referral Collaborazione commerciale per la proposta di prodotti e servizi

SEO Search Engine Optimization: ottimizzazione dei motori di ricerca

SSL Secure Sockets Layer: certificato di sicurezza

TOC Table of Content: indice, tavola dei contenuti

Tool Strumento

Web Rete di connessioni

L'autore Rodolfo Turco

Lavora da oltre 30 anni nel campo informatico, elettronico, automatico e impiantistico, è titolare della Turcotronics.

Diplomato in automatica elettronica, specializzazione in informatica, fin dai tempi dell'università in ingegneria informatica si è occupato di insegnamento, software, hardware, impiantistica e automazione, sia per alcune società che in proprio.

Link al Curriculum Vitae

La società Turcotronics

Fornisce servizi tecnologici per la casa, il negozio, l'ufficio e l'impresa.

E' orientata verso le realtà più piccole, dall'utenza domestica alla piccola impresa, anche se occasionalmente collabora con aziende di grandi dimensioni.

Creazione siti web, servizi, corsi e consulenza internet, SEO, Marketing.

Sviluppo software e firmware su Windows, Linux, Android, Microcontrollori, PLC.

Manutenzione e assistenza Computers, Cellulari, Reti, TV, Audio/Video, Elettronica.

Automazione domestica e industriale, Domotica, Amazon Alexa®, Google Home®.

Impiantistica elettronica, elettrica, idraulica e termica.

Riparazioni generiche in casa, ufficio, negozio.

Ripetizioni e corsi, materie tecniche e scientifiche.

Sito: turcotronics.it

Blog: turcotronics.com

www.ingramcontent.com/pod-product-compliance
Lightning Source LLC
Chambersburg PA
CBHW070447220526
45466CB00004B/1780